L'encyclopédie **LAROUSSE** des 6/9 ans

L'Histoire

Textes :
Catherine Salles
Illustrations :
Robert Barborini
Monick Czarnecki

Direction de la publication : Dominique Korach
Direction éditoriale : Françoise Vibert-Guigue, Nathalie Weil
Direction artistique : Frank Sérac
Maquette : Cynthia Savage
Recherche iconographique : Sophie Le Tellier
Fabrication : Jacques Lannoy

L'encyclopédie **LAROUSSE** des 6/9 ans

L'Histoire

LAROUSSE

Sommaire

L'Histoire

Premières civilisations

L'écriture est inventée en Mésopotamie.

La civilisation égyptienne rayonne pendant 4 000 ans.

Rome est la plus grande puissance du monde antique.

La préhistoire

Les premiers hommes modernes apparaissent sur la Terre il y a 100 000 ans. Pendant très longtemps, ce sont des nomades qui vivent de la chasse. Puis ils se mettent à élever des animaux, à cultiver la terre et s'installent dans des villages.

Pour chasser, les hommes préhistoriques fabriquent des lances de bois terminées par une pointe en **pierre taillée**.

Chasse et plantes sauvages

Les premiers hommes sont des chasseurs. Ils ne vivent pas dans un lieu précis : ce sont des nomades*. Pour trouver du gibier, ils se déplacent en petits groupes, à la recherche des meilleurs territoires de chasse. À chaque étape, ils construisent des cabanes ou des tentes au bord de l'eau. Ils se nourrissent de viande et des plantes sauvages qu'ils cueillent. Avec la peau des animaux, ils se font des habits pour se protéger du froid.

Les peintres des grottes

Dès la préhistoire, les hommes réalisent des œuvres d'art. Ils peignent, au fond des grottes, les animaux qu'ils chassent. Ces œuvres ne sont pas simplement décoratives : les hommes préhistoriques y expriment leurs croyances et leur imagination. Ils élèvent aussi d'énormes pierres, les menhirs et des dolmens en forme de table, pour honorer leurs morts.

Les hommes préhistoriques fabriquent leurs **couleurs** avec des pierres écrasées, noires, rouges ou brunes, qu'ils délayent avec un liquide. Ils s'éclairent avec des lampes contenant de la graisse.

La révolution de l'agriculture

Il y a environ 10 000 ans, les hommes changent complètement leur manière de vivre : ils se mettent à produire eux-mêmes leur nourriture. Ils ont l'idée de semer des graines de plantes sauvages pour obtenir des récoltes et d'élever des animaux : des chèvres, des moutons, des porcs, des bœufs. L'invention de l'agriculture les oblige à habiter à l'endroit où se trouvent leurs champs : les hommes construisent les premiers villages et s'y installent.

Dans les **villages**, tout le monde travaille : il faut garder les troupeaux, s'occuper des champs, fabriquer les outils, etc.

Pour conserver la nourriture, les hommes fabriquent des **poteries**. Ils **tissent** la laine des moutons pour en faire des habits.

Pourquoi cette période s'appelle-t-elle la préhistoire ?
La préhistoire est la période qui s'écoule entre l'apparition de l'homme et l'invention de l'écriture. Cette longue période est appelée « préhistoire » parce que les hommes ont vécu sans laisser d'écrits.

Combien de temps a duré cette période ?
La préhistoire représente 99% de la grande aventure de l'homme. Elle a duré plusieurs millions d'années. Des hommes qui nous ressemblent sont apparus il y a 100 000 ans. L'histoire ne dure que depuis 5 000 ans.

Comment sait-on ce qui s'est passé pendant la préhistoire ?
On a retrouvé des ossements et des objets des hommes préhistoriques : des armes, des outils, des peintures dans les grottes et parfois des restes d'habitations et même de repas.

La naissance de l'écriture

L'écriture permet aux hommes de transmettre aux générations suivantes ce qui leur est arrivé : avec l'invention de l'écriture, ils quittent la préhistoire pour entrer dans l'histoire.

Les premières villes

La première forme d'écriture est inventée, il y a environ 5 000 ans, en Mésopotamie. Dans cette région fertile, qui correspond à l'Iraq actuel, l'agriculture est très prospère. On y fabrique aussi des objets en métal et le commerce se développe. Les hommes y édifient les premières villes de l'histoire, comme Babylone et Ninive.

À côté des maisons d'habitation, les Mésopotamiens construisent un temple à étages, une **ziggourat**, où ils vénèrent leurs nombreux dieux.

Des dessins et des signes

Les habitants des premières villes se vendent les uns aux autres ce qu'ils produisent. Pour savoir combien ils ont vendu d'animaux et de sacs de blé, ils ont l'idée de tracer des dessins représentant ces produits, sur des tablettes d'argile. Ils inventent un système de signes simplifiés. Chaque signe représente un son de la langue parlée, un mot ou une idée, et non plus uniquement des objets.

Le **scribe** dessine les signes de l'écriture sur une tablette d'argile molle, avec une tige de roseau taillée en pointe. Puis il fait cuire la tablette.

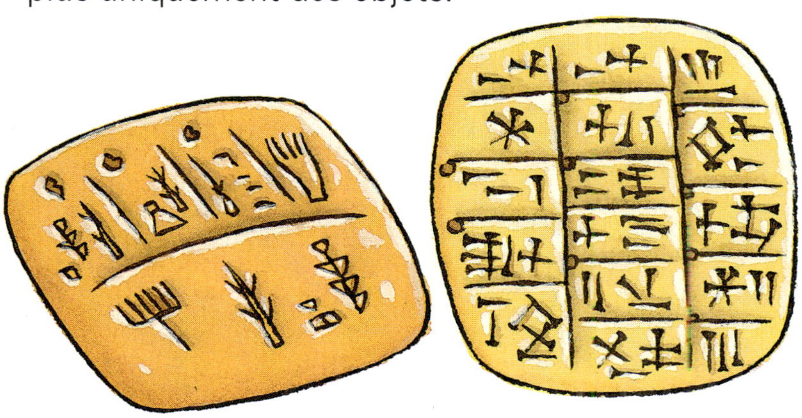

Les **pictogrammes** (tablette de gauche) sont des images qui représentent des objets. Plus tardive, l'écriture **cunéiforme** (tablette de droite) utilise des signes qui symbolisent des sons.

L'entrée dans l'histoire

Grâce à l'écriture, les commerçants tiennent le compte de leurs marchandises. Les rois font graver leurs lois et le récit de leurs guerres. Les prêtres écrivent les règles de la religion. Ce qui a été écrit subsiste de génération en génération. Les hommes peuvent garder le souvenir des événements qui se sont passés il y a longtemps. Les hommes ont alors une histoire.

? Pourquoi les scribes n'écrivaient-ils pas sur du papier ?

Parce qu'en Mésopotamie, à l'époque où l'écriture est née, on ne savait pas fabriquer le papier. La première forme de papier a été inventée en Égypte, beaucoup plus tard.

Est-ce que beaucoup de gens savaient lire et écrire ?

Non. Seuls les scribes connaissaient les signes de l'écriture et savaient les reproduire. Ils passaient plusieurs années à apprendre à écrire.

Comment devenait-on scribe ?

Il y avait très peu de scribes. Ce métier se transmettait de père en fils à l'intérieur d'un petit nombre de familles.

Les Égyptiens

Au nord de l'Afrique, les Égyptiens fondent un empire très puissant qui dure près de 3 000 ans.

Le Nil

La richesse de l'Égypte repose sur le Nil, un long fleuve qui coule à travers le désert égyptien, ainsi que sur le travail des paysans. Tous les ans, en mai et en octobre, l'eau déborde du lit du fleuve : c'est la crue. Quand l'eau se retire, la terre est devenue très fertile. Les paysans peuvent alors semer du blé et de l'orge et obtenir d'abondantes récoltes.

Les **champs** s'étendent le long du Nil, sur plusieurs milliers de kilomètres. Les principales cultures sont le blé, la vigne et les arbres fruitiers. Mais aussi le lin pour le tissu.

Le pharaon

L'Égypte est gouvernée par un roi tout-puissant : le pharaon. Il est considéré par les Égyptiens comme un dieu. Il a tous les pouvoirs et il est propriétaire du pays entier. Il est à la fois roi, grand prêtre, chef militaire et juge. Comme il ne peut pas être partout à la fois, il délègue ses pouvoirs à des centaines de fonctionnaires et de prêtres.

Les Égyptiens ont inventé une écriture particulière, les **hiéroglyphes**. Ce sont des dessins, qui, chacun représente un son ou un mot. Les scribes reproduisent ces dessins sur une sorte de papier fabriqué avec les tiges d'une plante qui pousse au bord du Nil : le **papyrus**.

Le **pharaon** est vénéré comme un dieu, et on ne doit pas le regarder en face.
Sa couronne s'appelle le pschent. Il tient le fouet et le sceptre, symboles d'autorité.

Pour assurer au pharaon une vie après la mort, les Égyptiens entourent son corps de fines bandelettes de lin afin qu'il ne pourrisse pas : ils le **momifient**. Ils placent ensuite le corps dans un sarcophage*.

La vie après la mort

Les Égyptiens vénèrent des centaines de dieux dont le principal est Rê, le dieu du Soleil. Seuls Pharaon et les prêtres ont le droit d'entrer dans les temples. Ils y apportent des offrandes afin de s'assurer la protection des dieux. Les Égyptiens croient à une vie après la mort qui ressemble à celle qu'ils ont sur Terre. C'est pourquoi ils se font enterrer avec des objets et de la nourriture. Les pyramides sont les tombeaux des premiers pharaons.

? Où se situe le sarcophage du pharaon à l'intérieur de la pyramide ?

Dans la chambre royale qui est construite au centre de la pyramide. Les meubles et les trésors du pharaon sont placés autour de son sarcophage, car les Égyptiens croient qu'il en aura besoin pour sa nouvelle vie.

Est-ce qu'on peut ensuite retourner dans la pyramide ?

Non. Les couloirs qui mènent à la chambre royale sont ensuite bouchés, et l'entrée est murée avec des pierres.

Personne n'est donc entré dans les pyramides ?

Si. Dès l'Antiquité, des voleurs ont creusé des tunnels dans les pyramides pour arriver à la chambre royale et prendre les trésors des pharaons.

Le peuple de la Bible

Les Hébreux sont le premier peuple à n'adorer qu'un seul dieu. La Bible raconte leur histoire.

L'histoire des Hébreux

Les anciens Hébreux sont des nomades* venus de Mésopotamie vers 1800 av. J.-C., guidés par leur chef Abraham. Ils s'installent en Palestine, puis en Égypte, où ils deviennent, pendant près de quatre cents ans, les esclaves des Égyptiens. Ils sont libérés par un des leurs, Moïse, et quittent l'Égypte pour regagner la Palestine. Ils y fondent le royaume d'Israël. Souvent attaqué par les peuples voisins, le royaume d'Israël disparaît et le peuple se disperse dans l'ensemble du bassin méditerranéen.

L'histoire d

1. Avant la naissance de Moïse, Pharaon avait ordonné de tuer tous les garçons hébreux nouveaux-nés. La mère de Moïse lui sauve la vie : elle le met dans une **corbeille** au bord du Nil. La fille de Pharaon recueille le bébé et l'élève à la cour.

2. Devenu adulte, **Moïse se bat avec un Égyptien** et le tue. Pour échapper à la prison, Moïse s'enfuit dans le désert.

3. Dieu apparaît à Moïse sous la forme d'un **buisson en feu**. Il ordonne à Moïse de conduire les Hébreux hors d'Égypte jusqu'au pays de Canaan, la Terre promise.

4. Moïse demande à Pharaon de **laisser partir les Hébreux** d'Égypte. Pour lui prouver qu'il est envoyé par Dieu, il transforme son bâton en serpent.

À Jérusalem, capitale du royaume d'Israël, le roi Salomon fait construire un grand **temple** dans lequel il enferme les Tables de la Loi données par Dieu à Moïse. En dehors du grand prêtre, personne n'a le droit d'entrer à l'intérieur du Temple.

Moïse

5. Comme Pharaon ne veut pas obéir à l'ordre de Dieu, celui-ci envoie sur l'Égypte des **catastrophes**, dont une invasion de sauterelles. Enfin Pharaon accepte de laisser partir les Hébreux.

6. Pour que les Hébreux traversent la Mer Rouge à pied sec, **Moïse sépare les eaux** de la mer en deux.

7. Pendant la traversée du désert, Moïse reçoit de Dieu les **dix commandements** gravés sur deux tables de pierre, les Tables de la Loi.

8. À la fin de la traversée du désert, Moïse meurt. Les Hébreux pénètrent alors dans la **Terre promise**.

Est-ce que les personnages de la Bible ont réellement existé ?

À partir d'Abraham, la Bible raconte l'histoire du peuple juif et donc de personnages qui ont réellement existé. Mais la Bible est un livre religieux qui raconte, avant tout, les rapports de ces personnages avec Dieu.

Et avant Abraham ?

Les premiers chapitres de la Bible sont des récits fabuleux qui expliquent la création du monde et de l'homme : ce sont des mythes.

Qui a écrit la Bible ?

Au départ, les récits de la Bible se sont transmis oralement. Puis, environ 1000 ans avant J.-C., plusieurs auteurs ont commencé à écrire les textes de la Bible. Cette écriture a duré environ 5 siècles.

Un dieu unique

À la différence des autres peuples de l'époque, les Hébreux adorent un seul dieu dont ils n'ont pas le droit de représenter l'image. Ils doivent respecter les dix commandements que leur dieu, Yahvé, a révélé à Moïse. Ils ont un livre saint, la Bible, qui raconte l'histoire de leur peuple et leur apprend comment ils doivent adorer leur dieu.

Les Grecs

Il y a 2 500 ans, en Grèce, un petit pays de la Méditerranée, les Grecs inventent la démocratie, la philosophie, les mathématiques, et créent de magnifiques œuvres d'art.

Athènes

La Grèce antique est divisée en centaines de petits États* indépendants : les cités.
Une cité est une ville entourée de sa campagne. Elle a ses propres lois et son gouvernement*.
Les cités grecques se font souvent la guerre, notamment Athènes et Sparte qui cherchent à dominer la Grèce tout entière.
Les villes sont presque toujours proches de la mer, car les Grecs sont de très bons marins. Ils font du commerce dans toute la Méditerranée et y fondent d'autres cités, comme Marseille.

Athéna est la protectrice de la ville d'Athènes. Déesse guerrière, elle est armée et porte un casque. C'est aussi la déesse de la Sagesse.

De nombreux dieux

Les Grecs ont de nombreux dieux qui les protègent dans toutes leurs activités : la guerre, le commerce, la chasse, etc. Les dieux grecs forment une grande famille.
Ils se comportent comme des êtres humains : ils mangent, se battent, se jalousent.
Les hommes doivent tout faire pour les satisfaire.
Ils leur consacrent de grandes fêtes, leur font des offrandes et des sacrifices et leur construisent de magnifiques temples, comme le Parthénon, à Athènes.

Les Grecs inventent le **théâtre**. Trois acteurs jouent sur l'estrade pendant que des figurants chantent en chœur et dansent.
Les spectateurs sont installés sur des gradins.

Homère est le grand poète grec.
Dans l'*Odyssée*, il raconte les aventures d'Ulysse.
Ici, Ulysse crève l'unique œil du géant Cyclope.

L'héritage des Grecs

On doit aux Athéniens la création de la démocratie* : à Athènes, il n'y a pas de roi, mais des citoyens, tous égaux devant la loi, qui expriment leur opinion en votant. Les premiers grands savants et mathématiciens sont nés dans la Grèce antique*. C'est aussi en Grèce qu'apparaissent le théâtre, l'histoire et la philosophie*. Enfin, les Grecs ont créé des monuments et des sculptures qui ont, longtemps, servi de modèle aux artistes européens.

Pour honorer leurs dieux, les Grecs organisent de grands jeux sportifs, dont les plus connus sont ceux d'Olympie, qui durent six jours. Course, saut, lutte, lancer du disque sont les épreuves des **jeux Olympiques**. Les athlètes sont nus.

? Quel genre de pièces de théâtre les Grecs vont-ils voir ?
Des pièces qui rendent hommage à leurs dieux. Ces pièces sont jouées, à l'occasion des fêtes religieuses, dans des théâtres en plein air.

Qui va regarder ces pièces de théâtre ?
Tous les habitants de la ville, hommes, femmes et enfants. Ils assistent à plusieurs représentations qui ont lieu depuis le lever du jour jusqu'au milieu de l'après-midi. Ils apportent de quoi manger et boire.

Comment les acteurs sont-ils habillés ?
Ils ont des chaussures très hautes et des vêtements très longs. Ils paraissent ainsi très grands et sont vus de tout le monde. Ils ont aussi un masque qui leur recouvre toute la tête.

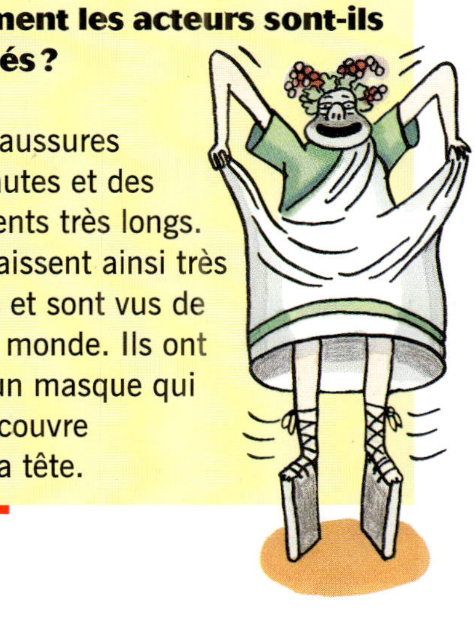

Les Romains

Dans l'Antiquité, Rome, une petite ville d'Italie, est devenue la capitale d'un gigantesque empire qui domine tous les pays autour de la Méditerranée.

La légende raconte que Rome a été fondée par **Romulus et Rémus**, des jumeaux abandonnés à la naissance et recueillis par une louve.

Un immense empire

Rome est située au centre de l'Italie, mais aussi au centre d'un grand empire. Les Romains, qui disposent d'une armée bien entraînée, conquièrent d'abord toute l'Italie, puis tous les pays du bassin méditerranéen : la Grèce, l'Afrique du Nord, l'Espagne, la Gaule et l'Égypte. Pendant plusieurs siècles, Rome est la plus grande puissance du monde antique. Les empereurs romains gouvernent des peuples très différents qui apprennent la langue et les coutumes* romaines.

? Qui sont les gladiateurs ?
Les gladiateurs sont des combattants professionnels. Ce sont souvent des esclaves, des prisonniers de guerre ou des condamnés à mort.

Est-ce que les gladiateurs sont tués pendant les combats ?
Lorsqu'un des deux gladiateurs tombe par terre, le public décide de son sort. En tournant leur pouce vers le bas, les spectateurs demandent au vainqueur de tuer le vaincu ; en le tournant vers le haut, ils demandent qu'il soit épargné.

Les **légionnaires** romains sont les premiers soldats à porter tous le même armement : une épée, un bouclier de bois et un javelot. Ils sont dirigés par un officier, le **centurion**, reconnaissable à son casque orné de plumes.

De grands bâtisseurs

Les Romains sont ce grands constructeurs. En Italie, en Espagne, en Gaule, dans toutes les provinces de leur Empire, ils édifient de nombreuses villes qui sont à l'origine de beaucoup de villes d'aujourd'hui. Dans toutes ces villes, la place, ou Forum, est bordée de grands bâtiments publics, de temples et d'arcs de triomphe. Pour pouvoir circuler dans tout l'Empire, les Romains construisent des longues routes pavées.

Dans les **amphithéâtres**, les Romains assistent à des combats de gladiateurs.

Une villa romaine est une immense ferme. Sa production agricole permet de nourrir la ville voisine.

Pour transporter l'eau des sources jusqu'à la ville, les Romains construisent de grands **aqueducs.**

Jésus et le christianisme

Un habitant de la Palestine romaine, Jésus, est à l'origine d'une nouvelle religion. Il prêche aux habitants de son pays que Dieu aime tous les hommes, pauvres ou riches, qu'il pardonne leurs péchés et qu'il faut s'aimer les uns les autres. Après la mort de Jésus-Christ, ses disciples partent dans l'Empire romain pour convertir les gens à leur religion.

Pendant trois siècles, le christianisme est interdit dans l'Empire et parfois les chrétiens sont martyrisés*. Au début du IVe siècle, le christianisme est autorisé par l'empereur et l'Empire romain devient chrétien.

Les dieux égyptiens

Les Égyptiens de l'Antiquité vénéraient des centaines de dieux. Certains avaient la forme d'un animal, d'autres un corps humain et une tête d'animal.

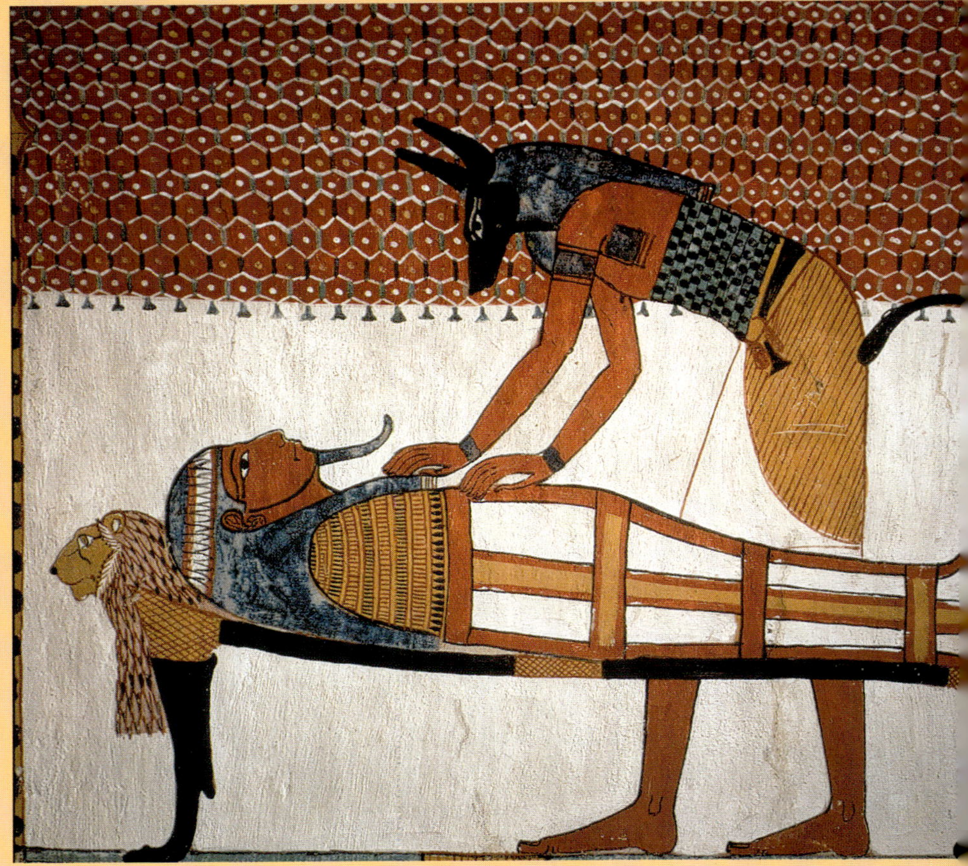

Ré était le dieu du Soleil, le créateur du monde. Tout le jour, il naviguait dans le ciel sur sa barque d'or. Chaque nuit, il traversait le monde des morts où le guettaient mille dangers.

Horus était le protecteur du pharaon. Il était souvent représenté sous la forme d'un faucon, ou avec une tête de faucon portant la coiffe royale.

Anubis guidait les morts devant le tribunal d'Osiris pour la pesée de leur âme. Il surveillait aussi les cérémonies de la momification. Il était représenté avec une tête de chacal noire, et un corps d'homme.

Bastet était la déesse associée au calme et à la joie. Elle était représentée comme une chatte ou comme une femme à tête de chatte.

Thot était le dieu de l'écriture, l'inventeur des hiéroglyphes. Il était le secrétaire des dieux et le maître des scribes. Il était souvent représenté avec une tête d'ibis et un corps d'homme, portant un rouleau de papyrus.

Les héros

Dans la mythologie grecque, les héros sont des demi-dieux capables d'accomplir de prodigieux exploits.

Le grand poète Homère raconte les exploits d'**Ulysse** dans l'*Iliade* et l'*Odyssée*. Dans l'*Iliade*, c'est lui qui invente la ruse du cheval de Troie. Dans l'*Odyssée*, il doit surmonter tout au long de son voyage de nombreuses épreuves. Ici, il se fait attacher au mât de son bateau pour résister au chant des sirènes.

Heraclès (Hercule pour les Romains) est l'un des fils de Zeus. Frappé de folie par Hera, la femme de Zeus, il tue ses enfants. Pour expier son crime, il est condamné à effectuer douze travaux. Ici, il tue le lion de Némée.

Achille est un héros de la guerre de Troie, racontée par Homère dans l'*Iliade*. Pour venger son ami Patrocle, il tue Hector le Troyen. Il est, à son tour, blessé mortellement par Pâris, qui lui lance une flèche dans le talon, la seule partie de son corps qui était vulnérable.

Les monuments de l’Antiquité

Toutes les grandes civilisations de l’Antiquité nous ont laissé de beaux monuments.

L’empereur chinois **Qin Shi Huangdi**, mort en 210 av. J.-C., s’est fait enterrer à Xian avec une armée de plus de 7 000 soldats de terre cuite.

Les Grecs ont construit, sur l’**Acropole d’Athènes**, pour leur déesse Athéna, des temples et des monuments décorés de statues.

Le **colisée** de Rome, où se déroulaient des combats de gladiateurs, pouvait contenir jusqu’à 50 000 spectateurs.

Les **Olmèques**, une des plus anciennes civilisations du Mexique, ont laissé des sculptures colossales de leurs chefs. Elles pouvaient atteindre 3 mètres de haut.

Les pharaons de l’ancienne Égypte se faisaient enterrer dans des pyramides grandioses. Les **pyramides de Gizeh**, aux portes du Caire, sont les plus belles et les plus célèbres.

Le Moyen Âge

La vie des hommes est dominée par la religion.

Une nouvelle religion apparaît en Arabie : l'Islam.

La Chine et le Japon connaissent des civilisations très brillantes.

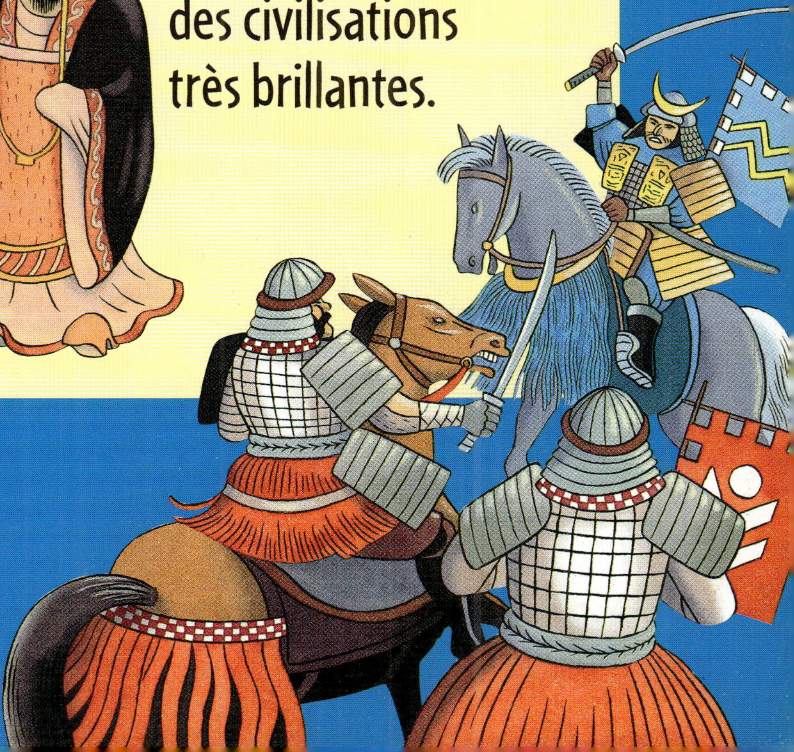

Un monde chrétien

Le Moyen Âge commence avec la fin de l'Empire romain et se termine avec la découverte de l'Amérique. Au cours de cette période, qui a duré mille ans, les habitants de l'Europe sont devenus chrétiens. La religion chrétienne est au centre de leur vie.

Les rois deviennent chrétiens

Pendant les siècles qui suivent la disparition de l'Empire romain, des peuples barbares envahissent l'Europe et y fondent des royaumes. Les Francs occupent la Gaule, les Alamans, l'Allemagne, les Angles, l'Angleterre. Peu à peu, les rois et leur peuple se convertissent au christianisme. L'Église chrétienne devient puissante et riche. Le chef de l'Église est le pape. Il vit à Rome. Il est plus puissant que les rois.

L'évêque saint Rémy **baptise** Clovis, le premier roi des Francs. Après ce baptême, la Gaule devient un royaume chrétien.

Combien de temps faut-il pour construire une cathédrale ?
Plusieurs dizaines d'années, parfois plus de cent ans, comme c'est le cas pour Notre-Dame de Paris.

Qui travaille sur le chantier de la cathédrale ?
Des tailleurs de pierres, des charpentiers, des maçons, des sculpteurs des peintres. Tous ces artisans sont dirigés par des architectes et des ingénieurs.

Comment font-ils ?
Ils utilisent des machines pour lever des pierres et construisent des échafaudages. Ils travaillent plus de douze heures par jour et les accidents sont fréquents.

Au service de Dieu

La vie des hommes du Moyen Âge est dominée par la religion. Le calendrier est fixé en fonction des grandes fêtes chrétiennes. Chaque jour, les cloches des églises indiquent l'heure des prières. Les grandes étapes de la vie des gens, comme le baptême, le mariage et la mort, sont célébrées par l'Église. Partout, on construit des églises, et dans chaque grande ville une cathédrale.

Dans les monastères, les moines se consacrent à la prière, aux travaux des champs, à l'accueil des pauvres mais aussi à l'étude et à l'enseignement. Les premières écoles apparaissent dans les monastères.

Les moines **recopient** à la main des manuscrits. Au Moyen Âge, les monastères sont les principaux centres de culture.

Les **cathédrales** ne sont pas simplement des lieux de prière. Elles sont aussi des lieux de rencontre et d'échanges. Des pièces de théâtre sont jouées devant leur portail.

Les chevaliers

Au Moyen Âge, la guerre est permanente. Les guerriers les plus redoutés sont les chevaliers qui combattent à cheval.

Seigneurs et chevaliers

Au Moyen Âge, la société est divisée en trois catégories, ou ordres*. Il y a ceux qui prient ; ceux qui combattent, les seigneurs et les chevaliers ; et ceux qui travaillent, les paysans et les artisans. Les seigneurs les plus riches sont entourés de chevaliers, qui les accompagnent à la guerre. L'équipement des chevaliers coûte cher. Le seigneur le remet au jeune chevalier, lors d'une cérémonie, l'adoubement*, en échange de sa fidélité*. Pour les chevaliers, la bravoure au combat est la première qualité.

Lorsqu'ils ne sont pas à la guerre, les chevaliers luttent entre eux dans des **tournois**, des spectacles de combat à cheval.

Les châteaux forts

Les premiers châteaux sont en bois. Plus tard, les châteaux sont construits en pierre. Ils sont plus solides, plus résistants au feu et deviennent des forteresses difficiles à prendre. En cas d'attaque, toute la population des villages vient s'y réfugier. Les châteaux sont entourés de murs très épais surmontés de créneaux. Les défenseurs du château envoient des flèches en s'abritant derrière la partie surélevée.

Les attaquants d'un château fort utilisent un **trébuchet** pour lancer des pierres contre le rempart. Les assiégés font tomber des blocs de pierre depuis les **hourds***. Le **donjon** est le dernier refuge.

Les croisades

Les chevaliers européens organisent des expéditions vers Jérusalem pour reprendre aux musulmans* le tombeau de Jésus-Christ : ce sont les croisades. Lors de la première croisade, Jérusalem est prise par les croisés, qui fondent plusieurs États* chrétiens dans la région. Ils y construisent de grands châteaux forts. Malgré l'organisation de plusieurs autres croisades, les musulmans réussissent à reconquérir tous leurs territoires.

Les croisés portent la **croix** chrétienne sur leur équipement.

? Comment les chevaliers combattent-ils dans les tournois ?

Chaque chevalier est armé d'une longue lance. Il doit faire tomber son adversaire en le déséquilibrant avec sa lance.

Est-ce que les chevaliers tuent leurs adversaires au tournoi ?

Non. Le tournoi est un spectacle. Ce n'est pas un combat. Mais il y a souvent des accidents et beaucoup de chevaliers sont blessés ou tués.

Est-ce que chaque chevalier combat une seule fois ?

Non. Chaque chevalier combat plusieurs fois. Le vainqueur du tournoi est celui qui gagne le plus de points. Il reçoit de l'argent et des objets de valeur, comme une armure ou un cheval de combat.

Campagnes et villes

Au Moyen Âge, en Europe, presque tout le monde est paysan. Les villes sont encore petites. Elles regroupent des artisans et des marchands.

Les paysans

Les paysans louent leur parcelle de terre à un seigneur contre une partie de leur récolte. Ils doivent aussi payer des impôts au seigneur et exécuter pour lui des travaux, comme l'entretien des douves* du château. Certains paysans, les vilains, sont libres de quitter le domaine d'un seigneur. Les autres appartiennent au seigneur : ce sont les serfs.

La principale **culture** est celle des céréales, pour le pain. Malgré l'amélioration des charrues et des attelages*, les cultures poussent mal car il n'y a pas d'engrais. Les maisons des paysans sont en torchis*, elles n'ont qu'une seule pièce.

Les habitants des villes

Au fil des siècles, la population de l'Europe augmente ; les villes se développent peu à peu. Les activités principales des habitants des villes sont le commerce et l'artisanat. Il y a aussi des artistes et des savants. Les villes sont entourées de remparts. Elles dépendent d'un seigneur mais progressivement, les marchands et les artisans les plus riches vont gouverner eux-mêmes leurs villes.

Les **artisans** sont installés au rez-de-chaussée des maisons où ils ont leur atelier. Ils vendent leurs produits dans la rue. Les maisons sont en bois.

Le temps des malheurs

La vie des hommes au Moyen Âge est souvent difficile. Dans les campagnes, les mauvaises récoltes entraînent des famines. Dans les villes, les maisons en bois sont fréquemment détruites par des incendies. À cause des mauvaises conditions d'hygiène, beaucoup d'enfants meurent dès la naissance et les gens ne vivent pas vieux. Il y a aussi de grandes épidémies : la Peste noire, au XIVe siècle, a tué une personne sur quatre en Europe.

Quels sont les marchands qu'on voit dans les villes au Moyen Âge ?
Des bouchers, des fourreurs, des drapiers ou vendeurs de tissus, des parcheminiers, des barbiers, des apothicaires ou pharmaciens.

Est-ce que leurs boutiques ressemblent à celles d'aujourd'hui ?
Non.
La boutique sert uniquement d'atelier.
Le commerçant vend ses marchandises dans la rue en plaçant un étal devant sa boutique pendant la journée.

Pourquoi les commerçants s'installent-ils dans la rue ?
Comme les vitrines n'existaient pas, l'étal permettait aux commerçants de présenter leurs marchandises aux passants. Par ailleurs, les boutiques étaient très petites et les commerçants avaient besoin de place pour préparer leur marchandise.

Le monde musulman

Une nouvelle religion, l'Islam, apparaît en Arabie. Les musulmans, adeptes de cette religion, étendent leur pouvoir de l'Inde à l'Espagne.

Mahomet et le Coran

L'Islam est une religion qui vénère un Dieu unique, Allah. Elle a été fondée, en 622, en Arabie par le prophète* Mahomet, qui a recueilli les paroles d'Allah dans un livre saint, le Coran. À la mort de Mahomet, toutes les tribus d'Arabie adoptent la religion musulmane, et la ville de La Mecque devient un centre de pèlerinage. Chaque musulman doit accomplir cinq obligations, appelées les piliers de l'islam.

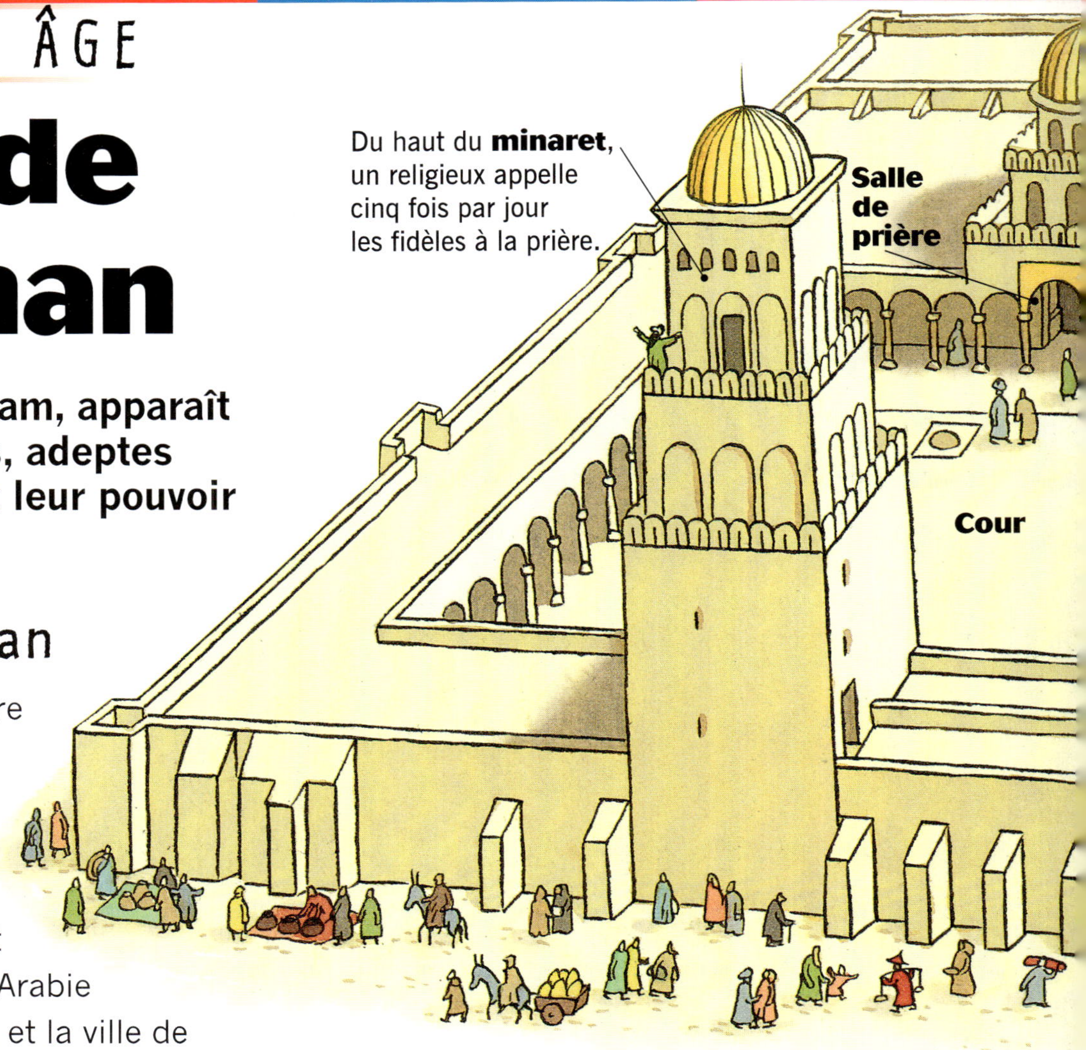

Tous les vendredis, les musulmans se rassemblent dans une **mosquée.** Ils font leurs prières en se prosternant vers La Mecque, la ville de Mahomet.

Les « piliers de l'Islam »

La profession de foi
Le musulman affirme sa croyance en un seul Dieu, Allah, et en son prophète Mahomet.

Cinq prières par jour
Le musulman doit prier cinq fois par jour, incliné en direction de la Mecque.

L'aumône aux pauvres
Le musulman doit faire l'aumône à ceux qui en ont besoin.

Le jeûne du Ramadan
Tous les ans, pendant un mois, le musulman ne doit ni manger ni boire du lever au coucher du soleil.

Sous cette coupole se trouve le **mirhab**, une niche dirigée vers la Mecque.

Qui est Mahomet ?
Mahomet est un caravanier du désert d'Arabie. Il est né à La Mecque.

Pourquoi fonde-t-il une nouvelle religion ?
Une nuit, dans une caverne, un ange lui apparaît. Il lui annonce que Dieu l'a choisi pour prophète. Il ordonne à Mahomet d'aller enseigner la parole de Dieu aux autres hommes.

Est-ce qu'on a un portrait de Mahomet ?
Non. On le représente en général avec une flamme à la place du visage.

À la conquête du monde

Après la mort de Mahomet, les musulmans d'Arabie partent à la conquête des pays voisins pour les convertir à l'Islam. C'est une guerre sainte qu'ils appellent *djihad*. Ils s'emparent de la Syrie, de la Palestine, de l'Égypte et de l'Afrique du Nord. Ils envahissent aussi l'Espagne où ils restent six cents ans. Ils veulent aussi conquérir la France, mais sont vaincus à Poitiers par Charles Martel. L'Islam se répand aussi en Asie jusqu'à l'Inde.

L'histoire d'Aladin et la lampe merveilleuse fait partie des « **Mille et une nuits** », le plus célèbre recueil de contes arabes.

Une civilisation très brillante

Partout où ils se sont installés, les Arabes ont construit des villes splendides avec des palais luxueux et des mosquées. Les médecins, astronomes, et mathématiciens arabes font de nombreuses découvertes scientifiques : ils inventent l'algèbre* et des instruments de navigation comme le sextant* et l'astrolabe*. Ils perfectionnent la boussole et le gouvernail des bateaux.

Le pèlerinage à la Mecque
Une fois dans sa vie, s'il le peut, le musulman doit faire un pèlerinage à la Mecque.

En Chine et au Japon

Au Moyen Âge, de grandes civilisations se développent en Chine et au Japon.

L'empereur et les mandarins

Depuis un passé très ancien, la Chine est le territoire le plus peuplé du monde. Pour la protéger des invasions, les empereurs ont construit, sur ses frontières, une Grande Muraille qui mesure 5 000 km. La Chine est gouvernée par des empereurs qui vivent à Pékin dans un immense palais, la Cité Interdite, dont ils ne sortent jamais. L'ensemble du pays est administré par des fonctionnaires, les mandarins. Les Chinois ont mis au point, les premiers, de nombreuses techniques qui se sont répandues dans le monde entier.

L'invention de la fabrication de la **soie** remonte à la préhistoire chinoise.

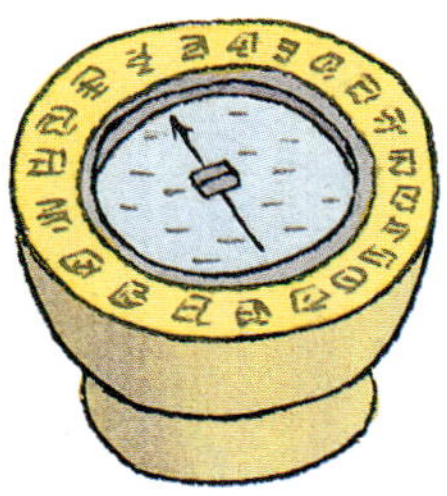

Pour se diriger, les Chinois inventent la **boussole**.

Les Chinois produisent une **porcelaine** très fine, grâce à une technique originale de cuisson de la terre.

Les Chinois inventent **l'imprimerie**. Ils gravent des textes sur des panneaux de bois, les recouvrent d'encre et les appliquent sur des feuilles de papier

Les mandarins sont les représentants de l'Empereur dans les 36 provinces de l'Empire. Ils sont tous nommés par l'Empereur. Les mandarins sont des hommes très cultivés. Ils ont effectué de longues études.

Le mikado et les samouraïs

Le Japon, appelé aussi l'empire du Soleil Levant, a longtemps été influencé par la Chine. Mais progressivement, les Japonais vont se détacher du modèle chinois. La société japonaise est comparable à la société du Moyen Âge en Europe : des seigneurs, les shoguns, ont pour vassaux des guerriers, les samouraïs. Les Japonais ont aussi un empereur, le mikado, qui n'a pas beaucoup de pouvoirs. La civilisation japonaise est très raffinée : les Japonais recherchent tout ce qui peut embellir les moindres détails de leur vie.

Les guerriers samouraïs portent des cuirasses* en fer et en cuir et ils se battent avec un long sabre recourbé. Ils recouvrent parfois leur visage d'un masque terrifiant destiné à effrayer leurs ennemis.

Une **pagode** est un petit temple consacré à Bouddha. Il est surmonté d'un toit recourbé.

Quels produits les Européens achètent-ils aux Chinois ?
Des produits qu'ils ne savent pas fabriquer : la soie, le papier, les porcelaines peintes, par exemple.

Comment les Chinois fabriquent-ils la soie ?
Ils élèvent des vers à soie. Ils déroulent le fil extrêmement fin qui constitue le cocon des vers à soie. Ils tissent ce fil pour le transformer en tissus précieux.

Et le papier ?
Ils prennent des tiges et des écorces de végétaux. Ils en font une pâte qu'ils étendent en feuilles très minces pour les faire sécher.

En Amérique

Des peuples vivent en Amérique du Sud et en Amérique centrale, avant la découverte de ce continent par Christophe Colomb. On les appelle les pré-colombiens.

Les Mayas

La civilisation Maya est la plus ancienne des grandes civilisations de l'Amérique. Elle s'épanouit dans une région qui correspond au Mexique et au Guatemala actuels. Les Mayas vivent dans des cités indépendantes gouvernées par des princes et des prêtres. Leur principale activité est la culture du maïs. Pour honorer leurs dieux, les Mayas construisent de très hautes pyramides.

Les pyramides mayas sont des pyramides à gradins. À leur sommet, se dresse un petit temple orné de sculptures très colorées. Certaines pyramides sont entièrement peintes en rouge.

? Pourquoi les Aztèques font-ils des sacrifices ?
Les Aztèques croient que le soleil puise son énergie dans le sang humain. Pour que le soleil ne s'arrête pas de briller, ils lui sacrifient de nombreuses victimes humaines.

Où font-ils leurs sacrifices ?
Ils couchent leurs victimes sur une pierre à sacrifice qui se trouve au sommet du temple sur la pyramide.

Comment se passe le sacrifice ?
Le prêtre plonge un poignard sacré dans la poitrine de la victime encore vivante et il lui arrache le cœur. Le sang coule le long des parois du temple.

Les guerriers aztèques portent des costumes de plumes d'oiseaux rares aux couleurs vives.

Les Aztèques

Contemporains des Incas, les Aztèques occupent un large empire, sur les terres du Mexique actuel. La capitale de l'empire, Tenochtitlán (aujourd'hui Mexico), est bâtie sur des canaux. C'est une cité raffinée, qui abrite des palais et de merveilleux jardins. L'eau potable arrive dans tous ses quartiers. Les Aztèques font très souvent la guerre à leurs voisins. Ils offrent leurs prisonniers comme sacrifice à leurs dieux.

Les Incas

Au XIVe siècle, les Incas conquièrent un immense empire, le long de la cordillère des Andes. Ce peuple porte le nom de son empereur, l'Inca, qui est considéré comme le Soleil vivant. L'empire inca est partagé en quatre provinces, gouvernées par des cousins de l'empereur. Pour circuler dans ces provinces, les Incas ont construit un vaste réseau de routes qui partent de leur capitale, Cuzco (Pérou).

Les Incas ont pour grand dieu le **Soleil** auquel ils font des offrandes. Des prêtresses entretiennent toute l'année un feu sacré, allumé par le Soleil grâce à un miroir.

Les gouttières de Notre-Dame de Paris sont décorées d'étranges sculptures : on les appelle des **gargouilles**.

Monstres du Moyen Âge

Les hommes du Moyen Âge vivaient dans la crainte de Dieu et du Jugement dernier. Leur univers était peuplé de monstres, de dragons, symboles du Mal. Les façades des églises et des cathédrales, construites au Moyen Âge, sont décorées de sculptures grimaçantes.

Les façades de Notre-Dame de Paris sont aussi ornées de **chimères**, monstres fantastiques, composés de plusieurs animaux.

Dans la mythologie chrétienne, le **dragon** représente les forces du Mal. Selon la légende, c'est saint Georges, qui parvient à terrasser le dragon. Le combat qu'il lui livre a fait l'objet de nombreux tableaux et sculptures au Moyen Âge. (Ici, tableau du peintre italien Paolo Ucello).

Le **mangonneau** est une catapulte qui permet de projeter des pierres.

les machines de guerre

Pour défendre et attaquer les châteaux forts, les hommes du Moyen Âge ont mis au point des engins redoutables.

Constitué de grosses poutres en bois, le **bélier** sert à démolir les portails.

Le **beffroi** est une tour qu'on pousse jusqu'aux portes du château et dans laquelle se cachent les soldats.

L'un des guerriers de *Ran*, film du japonais Kurosawa.

Héros de cinéma

Les guerriers du Moyen Âge, de l'Europe au Japon, continuent de nous fasciner, à tel point qu'ils sont les héros de nombreux films.

Prince Valiant est le héros d'une célèbre bande dessinée inspirée des chevaliers du Moyen Âge. Elle a été adaptée au cinéma par Douglas Hickox.

Les temps modernes

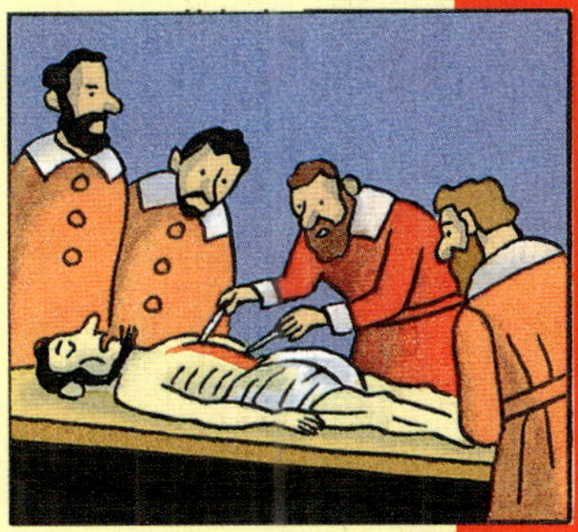

Les savants de la Renaissance font des découvertes capitales.

L'autorité des rois est remise en question. C'est la révolution.

Les Européens s'installent dans le Nouveau Monde.

Les grandes découvertes

Pour la première fois, des navigateurs traversent l'Atlantique et font le tour du monde. En 1492, Christophe Colomb découvre un nouveau continent : l'Amérique.

En route vers l'inconnu

Au Moyen Âge, les Européens allaient chercher en Inde et en Asie des produits qui n'existaient pas en Europe : des épices et des tissus précieux. Mais la route était longue, et cela revenait de plus en plus cher. La navigation ayant fait de grands progrès, les Portugais et les Espagnols envoient des navigateurs explorer les routes vers l'Asie par la mer.

La découverte de l'Amérique

Les Portugais cherchent à rejoindre l'Asie en faisant le tour de l'Afrique. Les Espagnols, quant à eux, soutiennent le projet de Christophe Colomb. Celui-ci pense atteindre l'Asie en faisant le tour de la Terre. Il navigue vers l'ouest, traverse l'Atlantique et débarque aux Bahamas, des îles au large de l'Amérique.

Christophe Colomb débarque aux Bahamas avec trois caravelles et quatre-vingt-dix marins. Il a mis deux mois pour faire la traversée de l'Atlantique. Pensant être arrivé en Inde, il appelle « Indiens » les peuples qu'il découvre.

Des conquistadors sans pitié

Peu après la découverte de l'Amérique, les Espagnols envoient des militaires, les conquistadors, pour chercher de l'or. Avec leurs canons et leurs fusils, inconnus des Indiens, les conquistadors terrorisent et massacrent les populations, s'emparent de leurs terres et de tous leurs trésors. Ils détruisent les empires aztèques et incas, et font travailler les Indiens comme esclaves dans les mines d'or et d'argent.

Sous la direction de l'Espagnol Cortés, les conquistadors s'emparent de la grande cité aztèque de **Tenochtitlàn**.

Combien de temps Christophe Colomb est-il resté au Bahamas ?

Environ trois mois. Il a exploré les îles autour des Bahamas, puis il est rentré en Espagne.

Il n'a donc pas vraiment découvert le continent américain ?

En fait, Christophe Colomb a effectué quatre voyages vers l'Amérique. Au cours du troisième, il a exploré les rivages du Venezuela, en Amérique du Sud ; mais Christophe Colomb n'avait pas conscience d'avoir découvert un nouveau continent.

Qui s'en est rendu compte ?

Un autre navigateur, Amerigo Vespucci. On a d'ailleurs choisi son prénom (Améric, en français) pour baptiser le nouveau continent.

La Renaissance

Des artistes et des savants remettent en question les croyances du Moyen Âge. Parce qu'ils donnent une nouvelle naissance aux œuvres de l'Antiquité, on appelle cette période la « Renaissance ».

Le peintre italien Botticelli s'inspire d'une légende de la Grèce antique pour peindre **« La naissance de Vénus »**.

Des artistes de génie

La Renaissance commence en Italie et se diffuse dans toute l'Europe. La religion chrétienne n'est plus, comme au Moyen Âge, le seul sujet des œuvres d'art. À Florence, Venise et Rome, les artistes, comme Michel-Ange ou Léonard de Vinci, prennent pour modèle les œuvres de l'Antiquité. Ils veulent aussi représenter la réalité telle qu'on la voit. Des princes, des papes, des banquiers invitent les architectes, les peintres et les sculpteurs dans leurs palais, et leur commandent de nombreuses œuvres.

Les rois et les grands seigneurs abandonnent leurs châteaux forts et se font construire de magnifiques palais. En France, le **château de Chambord** est un des nombreux châteaux du roi François Ier.

? Pourquoi Galilée est-il condamné ?
Parce qu'en affirmant que la Terre tourne autour du Soleil, Galilée contredit ce que l'Église enseigne. À cette époque, faire une telle chose est considérée comme un crime, une hérésie.

Qu'est-ce qu'une hérésie ?
Une hérésie est une idée contraire aux croyances de la religion catholique. Les hérétiques sont jugés par un tribunal, composé de religieux, appelé tribunal de l'Inquisition.

Galilée est-il allé en prison ?
Il a dû rester dans sa maison jusqu'à sa mort. L'Église l'a également obligé à dire devant le tribunal que tout ce qu'il avait écrit était faux.

La science

À partir de la Renaissance, des savants remettent en cause les certitudes fondées sur la religion et les vieilles croyances. Des esprits curieux, que l'on appelle les « humanistes », s'intéressent à la littérature, aux arts et aux sciences. Ils veulent séparer nettement le monde de la religion et le monde de la science.
L'Église refuse d'accepter certaines découvertes. L'astronome et mathématicien italien Galilée est condamné par un tribunal religieux, pour avoir dit, comme Copernic, que la Terre tourne autour du Soleil.

L'astronome polonais Nicolas **Copernic** est le premier à affirmer que la Terre n'est pas le centre de l'Univers, comme tout le monde le pensait alors.

L'invention de l'imprimerie par **Gutenberg** permet de reproduire un texte en des centaines d'exemplaires. Grâce aux livres, les idées nouvelles, les découvertes se diffusent rapidement dans toute l'Europe.

Les protestants

Un moine allemand, Luther, accuse l'Église de s'enrichir et de s'éloigner du message du Christ. Beaucoup de personnes adoptent les idées de Luther et demandent une réforme de l'Église. Une nouvelle religion chrétienne, le protestantisme, apparaît. Dans plusieurs pays d'Europe, des guerres très sanglantes éclatent entre les catholiques et les protestants.

Martin Luther dénonce la façon dont l'Église catholique amasse de façon scandaleuse de grosses sommes d'argent.

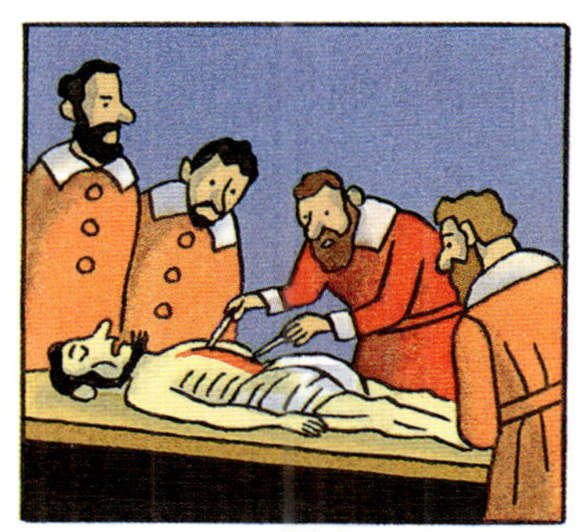

Le médecin français **Ambroise Paré** met au point des méthodes nouvelles de chirurgie.

Des rois tout-puissants

Le roi de France Louis XIV est l'exemple même du roi absolu : il a tous les pouvoirs. Plusieurs souverains d'Europe le prennent comme modèle.

Le « Roi-Soleil »

Louis XIV se fait appeler le « Roi-Soleil », car, comme le Soleil, il est au centre de tout. C'est lui qui décide seul. Il s'entoure de ministres qui exécutent ses ordres. Pour montrer sa puissance, il fait édifier le château de Versailles à l'écart de Paris. Louis XIV oblige les nobles à vivre avec lui à la cour de Versailles pour contrôler leurs activités. Les nobles deviennent des courtisans* qui doivent lui obéir et le suivre dans toutes ses activités.

Sous le règne de Louis XIV, les nobles perdent tous leurs pouvoirs. Ils vivent au château de Versailles et deviennent des **courtisans.**

Versailles

Louis XIV veut faire de Versailles le plus beau château de son époque. La construction dure plus de quarante ans. Le jardinier Le Nôtre dessine de magnifiques jardins dont le roi est très fier. Partout, il y a des bassins et des fontaines. Le roi vit à Versailles avec sa cour* : sa famille, ses conseillers et de nombreux courtisans*. Il protège les artistes qui travaillent pour lui : des peintres, des musiciens, des écrivains comme Molière ou La Fontaine, mais aussi des savants. Pour distraire ses courtisans, le roi fait organiser de grandes fêtes dans le parc du château. Elles peuvent durer plusieurs jours. Le roi demande à Molière et Lully de créer des pièces de théâtre et des ballets à cette occasion.

De nombreux artistes et écrivains sont au service de Louis XIV. Le roi aime beaucoup la danse et le théâtre, particulièrement les **pièces de Molière**.

Que font les courtisans de Louis XIV pendant la journée ?
Chaque jour, Louis XIV choisit une cinquantaine d'entre eux pour le suivre pendant toute la journée. Ils doivent assister au lever du roi, à ses repas, à son coucher et le suivre lorsqu'il se promène dans le parc de Versailles.

Est-ce qu'ils mangent avec le roi ?
Non.
Le roi mange seul en présence des courtisans* qui restent debout.
Des dizaines de valets apportent sur la table royale les plats et les vins.

Combien de courtisans y a-t-il à la cour ?
Ils sont plusieurs milliers à habiter dans le château ou dans des maisons de la ville de Versailles.

Le Nouveau Monde

Les Européens profitent des richesses qu'ils trouvent dans leurs colonies d'Amérique. Ils exploitent des mines d'or et, pour cultiver leurs grands domaines agricoles, ils font venir des esclaves d'Afrique.

L'or du Sud

Les Espagnols possèdent de nombreuses colonies en Amérique du Sud. Grâce aux mines d'or et d'argent qui existent dans ces régions, ils amassent de grandes fortunes.
Pour exploiter ces mines, ils obligent les Indiens à travailler dans des conditions très difficiles. Beaucoup d'entre eux meurent et sont remplacés par des esclaves noirs ramenés d'Afrique. Les colons s'enrichissent aussi en exploitant de grandes plantations agricoles.

En Amérique du Sud, des **milliers d'Indiens meurent** à cause des mauvais traitements qu'ils subissent dans les mines. Ils meurent aussi de maladies, jusqu'alors inconnues en Amérique, comme la variole ou la rougeole.

La conquête du Nord

Un siècle après la découverte de l'Amérique du Sud, des Anglais, des Hollandais et des Allemands s'installent en Amérique du Nord. Ces colons défrichent* des terres pour les cultiver. Ils construisent des villages en bois et font du commerce avec les Indiens.
Mais les rapports entre les colons et les Indiens ne sont pas toujours pacifiques. Pour étendre leurs territoires, les colons massacrent parfois des tribus entières.

Les **Indiens d'Amérique du Nord** accueillent souvent les colons de manière bienveillante. Le chef indien leur offre le calumet de la paix, une pipe à long tuyau. En échange, les Européens lui donnent du vin et de l'alcool, des produits que les Indiens ne connaissent pas.

Les **esclaves noirs** sont enchaînés et entassés au fond du bateau. La traversée vers l'Amérique dure une dizaine de semaines. Beaucoup d'entre eux meurent pendant le voyage.

Le commerce des esclaves

En Amérique, des esclaves travaillent dans les mines et les plantations de canne à sucre ou de coton. Ces hommes et ces femmes sont la propriété de leurs maîtres et ils sont privés de leur liberté. Comme presque tous les Indiens sont morts, des marchands européens vont en Afrique acheter des esclaves noirs. Ils les échangent en Amérique contre du coton ou de la canne à sucre. C'est ce que l'on appelle le commerce triangulaire. En trois siècles, environ 20 millions d'Africains sont ainsi déportés en Amérique.

?

Est-ce que Pocahontas a vraiment existé ?
Oui. Pocahontas est une jeune Indienne de la tribu algonkin, fille de Powhatan qui est le chef du village où les premiers colons ont débarqué.

Comment rencontre-t-elle les Anglais ?
Le frère de Pocahontas a capturé un jeune Anglais, John Smith. Alors qu'on se prépare à le tuer, Pocahontas, obtient sa grâce. Elle accompagne ensuite John Smith dans la ville proche de Jamestown, et elle sert d'intermédiaire entre les Anglais et les Indiens.

Est-ce qu'elle épouse John Smith ?
Non ; elle se marie avec un autre colon anglais, John Rolfe. Celui-ci l'emmène en Angleterre pour la présenter à la cour. Pocahontas meurt, à 22 ans, sur le chemin du retour.

Le triomphe de la science

Le XVIIIe siècle est appelé « le siècle des Lumières ». On se passionne pour la science, le savoir, toutes les connaissances qui éclairent les esprits.

Les Lumières

La science se libère de la tradition. Les savants observent le monde extérieur sans idées préconçues. De nouveaux instruments permettent de faire des mesures et des expériences que plus personne ne peut contester. Le grand physicien anglais Newton réussit à expliquer le mouvement des planètes. Les botanistes collectionnent et classent les plantes. Des explorateurs découvrent des régions inconnues, comme l'Australie. Physiciens et chimistes expliquent les grands phénomènes naturels, la nature de l'air, l'électricité. On croit au progrès qui va faire le bonheur des hommes.

Buffon recense, dans son *Histoire Naturelle,* toutes les espèces de plantes, d'animaux et de minéraux connus.

Benjamin Franklin découvre la nature électrique de l'éclair et invente le paratonnerre*.

Les frères Montgolfier inventent la montgolfière et s'envolent dans le ciel.

D'après la légende, c'est en voyant une pomme tomber qu'**Isaac Newton** aurait découvert que la Terre attire les objets et compris le mouvement des planètes.

Les philosophes aiment bien se réunir pour échanger leurs idées. Ils se retrouvent dans les **salons** et dans les **cafés**, qui apparaissent à cette époque. Mais parfois, ils doivent se réunir clandestinement pour échapper à la police.

Les philosophes

Les progrès de la science conduisent les philosophes* à combattre les abus de la religion et à remettre en question ce que personne n'avait osé critiquer ouvertement : l'autorité absolue du roi.
Ces idées nouvelles naissent en France, et se répandent dans toute l'Europe. Les philosophes demandent le respect des droits et des libertés de chaque individu, en particulier la liberté de s'exprimer. Ils pensent que le pouvoir ne doit pas appartenir à un seul homme, mais qu'il doit être réparti entre plusieurs personnes.

? Comment les rois et les reines ont-ils réagi aux idées des philosophes ?
Plusieurs rois s'intéressent aux progrès de la science et aux idées nouvelles. Certains invitent même des philosophes à leur cour, comme la reine de Russie ou le roi de Prusse. Mais quand les idées que les philosophes défendent sont trop dérangeantes, ils ne sont plus d'accord.

Est-ce que les philosophes doivent travailler en cachette?
Certains doivent imprimer leurs livres en cachette. En fait, ils font imprimer leurs livres en Hollande où il n'y a pas d'interdiction. Leurs œuvres reviennent clandestinement dans leur pays et peuvent être lues discrètement.

Comment réagissent les lecteurs ?
Beaucoup trouvent que les idées des philosophes sont bonnes. En France, les gens commencent à critiquer le pouvoir absolu du roi et les privilèges des nobles et de l'Église.

Vive la liberté !

À la fin du XVIIIe siècle, deux peuples se révoltent contre l'autorité des rois et transforment profondément le pouvoir dans leur pays. Il s'agit des colons d'Amérique du Nord et des Français.

À Boston, des colons déguisés en Indiens montent à bord d'un navire anglais transportant du thé et jettent à la mer sa cargaison. C'est le début de **la révolution américaine**.

La Révolution américaine

Les colons installés en Amérique du Nord se révoltent contre le roi d'Angleterre dont ils dépendent et ils obtiennent leur indépendance. Ils forment une nouvelle nation, composée de 13 États, les États-Unis. C'est une république. Il n'y a plus de roi et c'est le peuple qui choisit ceux qui gouvernent. Pour la première fois, les idées des philosophes des lumières sur la démocratie* sont mises en application.

À Paris, la révolution commence avec la prise de la **prison de la Bastille**, symbole du pouvoir absolu du roi.

La Révolution française

En France, le peuple se révolte contre l'autorité du roi en attaquant la prison de la Bastille à Paris. Les révolutionnaires veulent limiter les pouvoirs du roi et abolir les privilèges des nobles. Dans les campagnes, les paysans, qui payent de très lourds impôts aux seigneurs, attaquent les châteaux. Après plusieurs années de trouble et de guerre, la monarchie est renversée. La France devient une République, dirigée par une assemblée de personnes élues par le peuple.

Pendant la Révolution, les habitants plantent, dans tous les villages de France, un **arbre de la liberté** orné de cocardes bleu, blanc, rouge, les nouvelles couleurs du drapeau français.

Les droits de l'homme

Aux États-Unis et en France, la République représente la première forme de démocratie moderne : il n'y a plus de souverain, mais le pouvoir vient du vote des citoyens. Adoptée en 1789, la Déclaration des droits de l'homme et du citoyen énonce les principes de la démocratie* : égalité des droits pour tous les hommes, liberté, souveraineté nationale.

? Qu'a fait le roi Louis XVI pendant la Révolution ?
Dans un premier temps, il a accepté les changements. Mais, au bout de quelques années, il n'a plus été d'accord avec les révolutionnaires et il a voulu s'enfuir.

Où s'est-il enfui ?
Il a quitté Paris en secret, avec toute sa famille, pour se rendre à l'étranger. Mais il a été reconnu dans la ville de Varenne et ramené à Paris.

Que lui est-il alors arrivé ?
Il a été emprisonné avec sa famille et jugé par un tribunal révolutionnaire. Le roi et la reine ont été condamnés à mort et guillotinés à Paris.

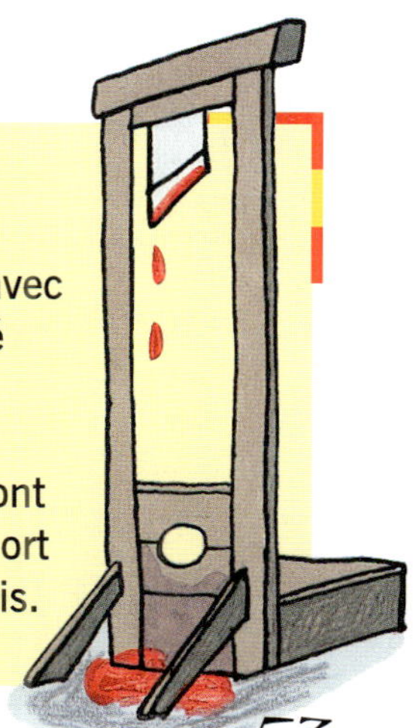

L'art pré-colombien

Les civilisations qui se sont développées en Amérique du Sud, aztèque, maya, inca, avant l'arrivée de Christophe Colomb, ont créé de magnifiques objets en or et en pierres précieuses.

Les Incas étaient de grands orfèvres. Ils travaillaient l'or, leur métal préféré qui a la couleur du Soleil, le dieu qu'ils vénéraient particulièrement.

Bijou en or. Les chefs incas portaient ce type de bijou sur la poitrine.

Les conquistadors ont pillé les trésors incas avec tant de cupidité qu'il en reste très peu.

Masque mortuaire. en mosaïque de turquoises.

Statuette retrouvée dans une tombe maya.

Masque mortuaire en or.

Figure en or représentant un guerrier portant un bouclier et des flèches.

Pendentif en or représentant un personnage portant un masque.

Masque mortuaire en or.

Mozart

Ce grand musicien a été un enfant prodige. Il a fait le tour des pays d'Europe pour jouer devant les rois.

Le jeune Mozart présenté à l'impératrice Marie-Thérèse d'Autriche.

La Cour s'amuse

À Versailles, les courtisans s'ennuient souvent. Pour passer le temps, ils jouent, et le roi organise pour eux des fêtes magnifiques.

Les **jeux de hasard** sont les plus appréciés, comme les jeux de dés ou les jeux de cartes.

Le roi organise pour la cour des **fêtes somptueuses** qui s'achèvent par des feux d'artifices.

C'est la **chasse à courre** qui demeure leur activité favorite.

L'époque contemporaine

L'industrie se développe. La vie des hommes se transforme. Les villes grandissent.

L'Angleterre et la France colonisent l'Asie et l'Afrique.

L'homme part explorer l'espace.

Le temps des usines

Au XIXe siècle, l'industrie se développe considérablement grâce aux progrès de la science et à l'invention des machines. La vie des hommes change complètement.

De nouvelles machines

Dès le début du XIXe siècle, on utilise la force nouvelle de la vapeur pour faire marcher toutes sortes de machines. Les bateaux à vapeur remplacent les navires à voiles. En Angleterre, on fait rouler pour la première fois un train : tiré par une locomotive à vapeur, il circule sur des rails de fer. Partout, en Europe et aux États-Unis, on construit des voies ferrées, ce qui permet la circulation des marchandises et des voyageurs.

Un train à vapeur.
Dans la chaudière de la locomotive, on fait bouillir de l'eau et la force de la vapeur fait avancer le train. Derrière la locomotive, un wagon contient le charbon qui chauffe la chaudière.

Des usines dans les villes

Pour obtenir le charbon nécessaire aux machines à vapeur, on exploite de nombreuses mines. Des grandes usines sont créées pour produire de la fonte et de l'acier et pour fabriquer des textiles*. Les paysans quittent les campagnes pour venir travailler dans ces usines, et les villes s'agrandissent très vite.

Les machines sont regroupées dans des grandes **usines** où travaillent de nombreux ouvriers.

Ouvriers et patrons

Les ouvriers et les mineurs travaillent dans des conditions très difficiles, souvent plus de quatorze heures par jour, et gagnent des salaires insuffisants pour faire vivre leurs familles. Les femmes et les enfants doivent donc aussi travailler dans les mines et dans les usines. Même si c'est encore interdit, les ouvriers se regroupent en associations ou syndicats pour défendre leurs intérêts face aux patrons qui possèdent les usines et les machines et qui s'enrichissent grâce à leur travail.

Le travail dans les premières usines est très pénible pour les femmes et les enfants. Les ouvriers n'ont pas le droit de faire grève. Grâce à leurs **luttes**, les conditions de travail s'améliorent peu à peu.

? Est-ce que les premiers trains roulaient vite ?
Non. Le premier train de voyageurs circulait en Angleterre à 20 km à l'heure. Mais cela semblait très rapide car les diligences roulaient à 5 km à l'heure. Certains médecins disaient que la vitesse du train allait empêcher les gens de respirer et des voyageurs craignaient de tomber malades en prenant le train.

Est-ce que les trains transportaient beaucoup de voyageurs ?
Non. Les premiers trains étaient constitués de 4 à 6 voitures. Chaque voiture contenait 8 personnes qui étaient assises sur deux rangées de siège, face à face. En tout 48 personnes au maximum.

Est-ce qu'on faisait de grands voyages en train ?
Non. Au début, il y avait très peu de voie ferrée. En France, la première ligne de voyageurs a relié Paris à Versailles, soit une distance de 20 km.

Les colonies

Au XIXe siècle, les pays européens se lancent à la conquête d'immenses territoires en Afrique et en Asie. Ils se partagent le monde.

L'exploration de l'Afrique

Grâce au développement de l'industrie, la vie dans les pays occidentaux est métamorphosée. Les Européens cherchent à renforcer leur puissance économique en s'installant dans des territoires inconnus, surtout en Afrique où ils trouvent de nouvelles richesses naturelles, comme l'arachide, le caoutchouc, l'ivoire, le café ou les bois précieux. De nombreux explorateurs, animés par le goût de l'aventure, pénètrent à l'intérieur du continent noir. Ensuite les commerçants et les militaires arrivent pour prendre possession des terres qu'ils ont découvertes.

L'exploration de l'Afrique. L'explorateur descend une rivière en pirogue, aidé par des indigènes qui ouvrent la route et portent ses bagages. Les conditions de la découverte des nouveaux territoires africains sont toujours très difficiles.

Le partage du monde

L'Angleterre et la France sont les deux principales puissances coloniales*. Elles se partagent l'Afrique et l'Asie. L'empire britannique est beaucoup plus important : la moitié de l'Afrique et l'immense Inde lui appartiennent, tandis que la France règne sur les autres pays d'Afrique et du Maghreb, ainsi que sur l'Indochine.

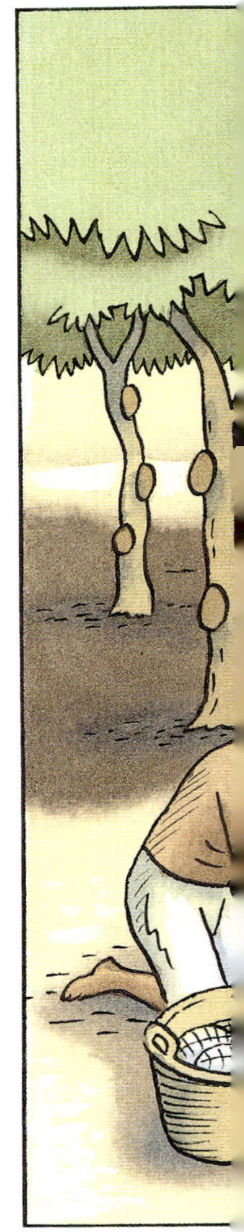

Une plantation de cacao. Sous la direction d'un Blanc armé d'un fusil, les indigènes ramassent les fruits du cacaoyer qui seront ensuite expédiés en Europe.

L'organisation des colonies

Les colons installent des entreprises et des plantations sur les terres conquises. Des missionnaires chrétiens viennent d'Europe pour convertir les populations. Les peuples colonisés apprennent la langue de leurs colonisateurs* : l'anglais ou le français. Les Européens abolissent beaucoup de coutumes locales qu'ils jugent barbares, et construisent des écoles et des hôpitaux.

Est-ce que les Africains avaient déjà vu des hommes blancs ?
Ceux qui habitaient près des côtes les connaissaient depuis très longtemps. Mais ceux qui habitaient dans la forêt vierge n'en avaient souvent jamais vus.

Est-ce que les Africains ont eu peur en voyant des hommes avec la peau blanche ?
Oui. Certains ont cru que les Blancs étaient des démons avec de grandes oreilles rouges. Ils ont eu aussi très peur des fusils des Européens qu'ils voyaient cracher du feu.

Est-ce qu'ils ont voulu tuer ces démons ?
Oui pour certains. Mais la plupart des Africains ont accueilli les Européens comme des visiteurs de passage et leur ont offert des cadeaux.

Le monde en guerre

Au XXe siècle, deux terribles guerres font des millions de morts en Europe. Les principaux pays du monde y participent.

La Première Guerre mondiale

La guerre qui commence en 1914 est la première où sont impliqués de nombreux pays. Les combats se déroulent en Belgique et en France sur un front continu de 800 km. De très durs combats se déroulent aussi en Russie, en Italie et dans les Balkans.
Les soldats restent face à face, pendant des mois dans des fossés qu'ils creusent dans la terre : les tranchées*. Entre 1914 et 1918, plus de neuf millions d'hommes sont tués et six millions sont mutilés.

Hitler et le nazisme

L'Allemagne, vaincue en 1918, est dans une situation économique déplorable. Le chômage est très important. Le parti nazi, dirigé par Adolf Hitler, en profite pour prendre le pouvoir. Hitler, devenu dictateur, impose par la violence les idées racistes des nazis. Les opposants sont persécutés, arrêtés et emprisonnés dans des camps. Hitler veut dominer le monde et, en 1939, l'Angleterre et la France lui déclarent la guerre.

Dans les tranchées*, les soldats vivent dans ces conditions épouvantables, à moitié enterrés dans la boue, en proie au froid, à la faim, aux maladies. Ils portent des masques pour se protéger des gaz asphyxiants.

Combien d'hommes ont débarqué en Normandie ?

90 000 hommes, des milliers de chars ont débarqué, le 6 juin 1944 sur plusieurs plages de Normandie. La moitié de ces hommes étaient des Américains ; l'autre moitié était des Anglais et des Canadiens.

D'où sont-ils partis ?

Ils sont partis du sud de l'Angleterre, la veille au soir, sur plus de 4 000 navires. 15 000 parachutistes ont été emmenés par avion.

Est-ce que les Allemands savaient que ces soldats allaient débarquer ?

Les Allemands redoutaient un débarquement, mais les navires qui ont débarqué n'ont pas été repérés avant d'arriver sur les côtes normandes.

La Seconde Guerre mondiale

L'Allemagne commence par gagner la guerre contre la France. Mais l'Angleterre continue de lutter, aidée par les États-Unis. La guerre devient mondiale. Dans tous les pays qu'ils occupent, les nazis veulent détruire tous les Juifs : ils les déportent* dans des camps d'extermination où ils sont asphyxiés dans des chambres à gaz. Six millions de Juifs et deux millions d'autres déportés sont ainsi mis à mort. En Europe, l'occupation allemande se termine grâce au débarquement des soldats Alliés. Contre le Japon, allié des Allemands, les Américains utilisent pour la première fois la bombe atomique et détruisent les villes japonaises d'Hiroshima et de Nagasaki.

La Libération. En juin 1944, les soldats américains, canadiens et anglais débarquent en masse sur cinq plages de Normandie pour libérer la France des armées d'occupation allemandes.

Les révolutions communistes

Deux grands pays, la Russie et la Chine, font la Révolution. Les gouvernements sont renversés et remplacés par des régimes communistes.

Lénine,
le chef du parti bolchevique exhorte les Russes à renverser le pouvoir impérial et à distribuer à tout le monde les richesses du pays.

La révolution russe

En octobre 1917, le tsar de Russie, Nicolas II, est renversé par les révolutionnaires, dirigés par Lénine. Ils veulent établir le communisme*, un régime* où les terres et les usines seraient la propriété de tout le monde. En 1922, l'Union des Républiques Socialistes Soviétiques (U.R.S.S.) est créée. Après la mort de Lénine, Staline prend le pouvoir. Il impose la dictature du parti communiste. Les opposants au régime sont déportés dans des goulags ou camps de travail. Après la Seconde Guerre mondiale, tous les pays de l'Europe de l'Est* deviennent communistes et sont contrôlés par l'U.R.S.S.

La révolution chinoise

Comme la Russie, la Chine fait la Révolution et adopte le communisme*. En 1949, sous la direction de Mao Zedong, la Chine devient une République populaire. À partir de 1966, pendant la Révolution culturelle, les lycéens et les étudiants, appelés gardes rouges, détruisent tout ce qui rappelle la Chine d'autrefois et exterminent plusieurs millions de personnes. En 1989, les étudiants de Pékin se soulèvent contre le régime*, mais l'armée met fin à leur révolte.

La fin du monde communiste

Les communistes voulaient construire un monde meilleur, où la vie des ouvriers et des paysans serait plus heureuse. Mais ils ont échoué et se sont maintenus au pouvoir par la dictature. Pendant des années, les opposants aux régimes* communistes ont lutté dans des conditions très difficiles. En 1989, le Mur, qui séparait la ville de Berlin en deux pour empêcher les Allemands de l'Est communiste de passer en Allemagne de l'Ouest, est détruit par les habitants. Les régimes communistes d'Europe de l'Est s'effondrent, l'URSS est supprimée.

La chute du Mur de Berlin. Après la destruction du mur séparant Berlin en deux, les deux Allemagnes sont réunies.

Comment le Mur de Berlin a-t-il été construit ?
Une nuit, les policiers d'Allemagne de l'Est ont installé des barbelés au milieu de Berlin. Puis ils ont construit un mur de pierres qui suivait les barbelés.

Est-ce que le Mur de Berlin traversait toute la ville ?
Oui. Il mesurait 25 km et coupait toute la ville de Berlin en deux.

Est-ce qu'on pouvait passer facilement de l'autre côté du Mur ?
Il y avait des points de passage dans le Mur. Mais il était interdit aux habitants de Berlin-Est de passer à l'Ouest. Beaucoup ont été tués par les policiers en essayant de passer le Mur clandestinement.

Mao et la Longue Marche. De 1934 à 1936, pour échapper à leurs ennemis, Mao Zedong et 130 000 communistes traversent la Chine du sud au nord. Cette Longue Marche devient le symbole du courage des communistes chinois.

Le siècle de la science

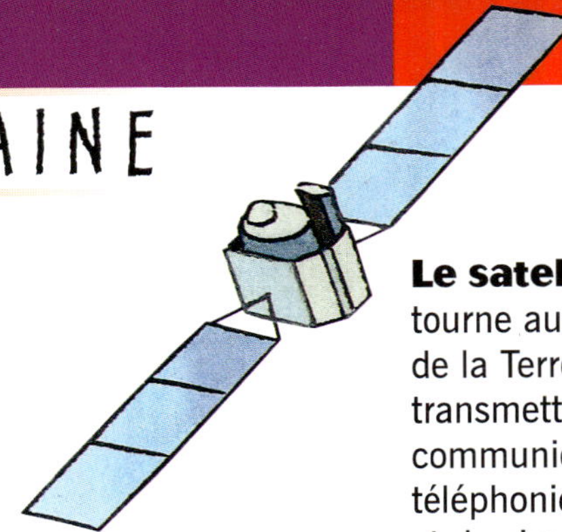

Le satellite tourne autour de la Terre et peut transmettre des communications téléphoniques et des images de télévision.

Au XXe siècle, il y a eu plus de découvertes scientifiques que pendant tout le reste de l'histoire du monde.

L'avion. Chaque jour, plusieurs milliers d'avions décollent de tous les aéroports de la Terre.

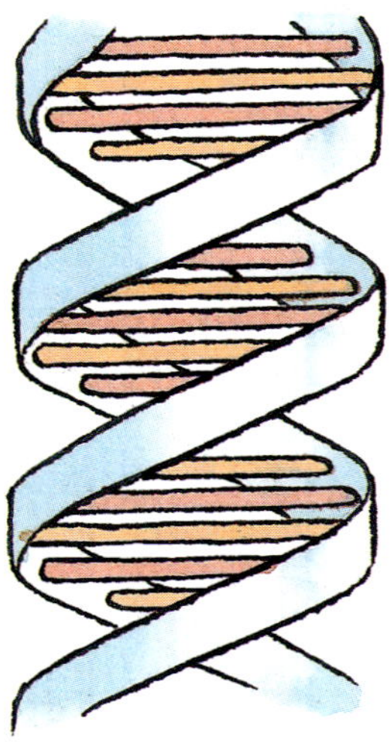

Les découvertes de la **génétique*** vont permettre de soigner de nombreuses maladies.

Les découvertes

Au cours du XXe siècle, la vie des habitants de la Planète s'est considérablement améliorée grâce aux nombreuses découvertes de la science. L'électricité fait fonctionner de nombreuses machines dans les usines et les maisons. L'automobile et l'avion permettent d'aller de plus en plus loin, de plus en plus vite. La médecine et la chirurgie font sans cesse des progrès ; de nouveaux médicaments guérissent des maladies autrefois mortelles. Les deux grandes révolutions scientifiques de la fin du XXe siècle sont l'informatique et la génétique*.

L'ordinateur Si les premiers ordinateurs occupaient une pièce entière, ils tiennent aujourd'hui sur un petit bureau. Ils peuvent stocker et traiter des milliers d'informations.

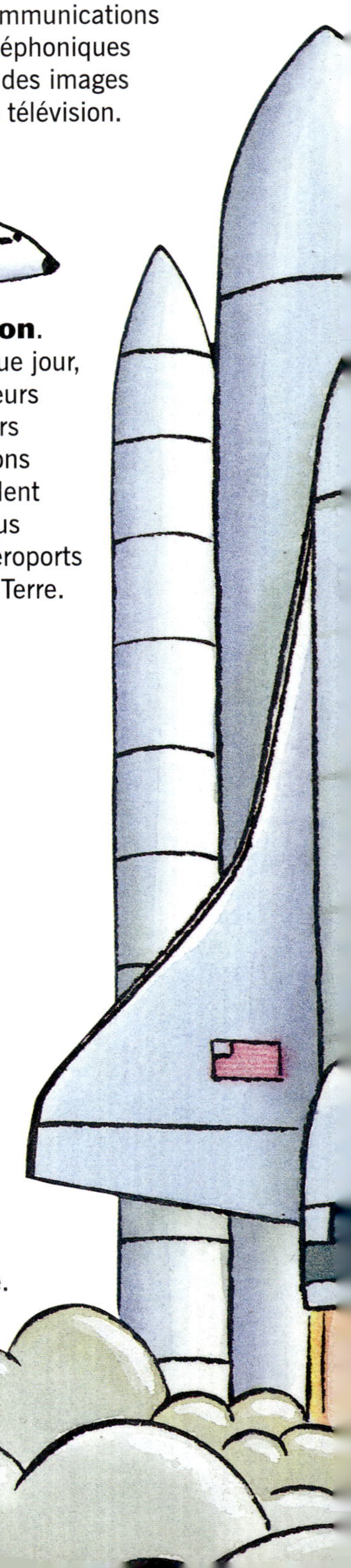

La navette spatiale peut effectuer des missions dans l'espace et revenir sur Terre.

Quand le premier avion a-t-il décollé ?
En 1890. Le premier homme qui a réussi à voler est un Français : Clément Ader. Avec sa machine *Éole* il a volé pendant quelques instants sur 1500 mètres.

Est-ce que l'*Éole* ressemblait à nos avions ?
Non. C'était une carcasse de bois en forme de chauve-souris, montée sur des roues, et équipée d'un moteur à vapeur.

Comment a-t-on amélioré ce premier avion ?
En 1903, deux Américains, les frères Wright, remplacent le moteur à vapeur par un moteur à explosion et peuvent voler sur 38 kilomètres.

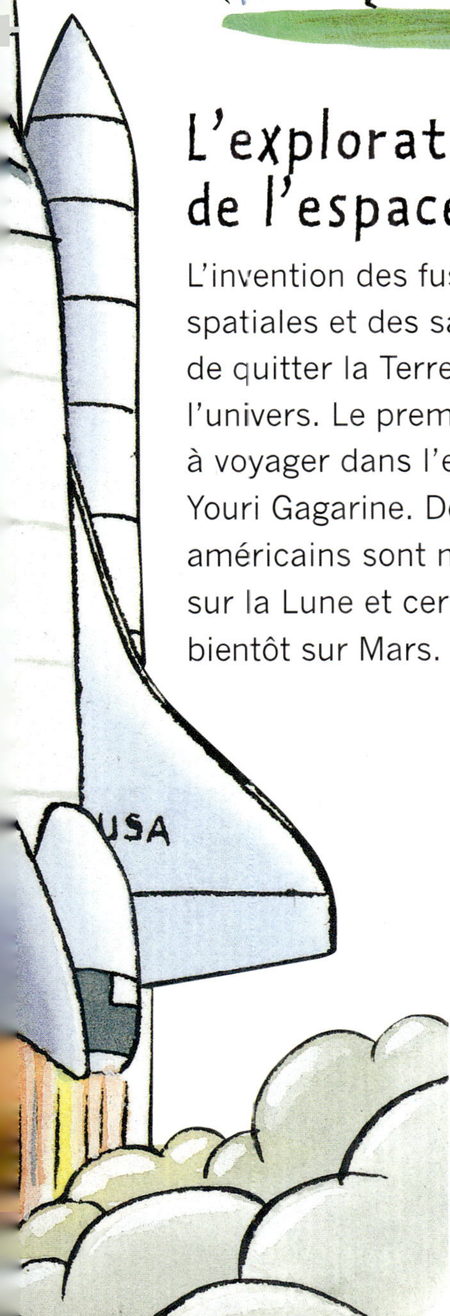

L'exploration de l'espace

L'invention des fusées, des navettes spatiales et des satellites permet de quitter la Terre et d'explorer l'univers. Le premier homme à voyager dans l'espace est le Russe Youri Gagarine. Des astronautes américains sont même allés sur la Lune et certains iront bientôt sur Mars.

La télévision permet de recevoir des programmes et des informations venus du monde entier.

Le temps des loisirs

Grâce aux machines qui sont de plus en plus nombreuses et performantes, les hommes n'ont pas besoin de travailler autant que dans les siècles précédents. Ils ont donc de plus en plus de temps pour leurs loisirs. Grâce à la télévision et au cinéma, tout le monde peut regarder des films, assister à des spectacles et à des concerts, et découvrir les reportages sur les hommes du monde entier.

Grâce au **téléphone portable**, on peut être en permanence en contact avec ses interlocuteurs, partout dans le monde.

Vers le XXIe siècle

Les hommes profitent chaque jour des progrès technologiques. Mais ces progrès ne sont pas sans risque pour la Planète et de nombreux pays vivent encore dans des conditions très difficiles.

Pays riches, pays pauvres

Le déséquilibre devient très grand entre les pays riches du Nord (Europe, Amérique du Nord) et ceux du Sud (Afrique, Amérique du Sud, Asie), beaucoup plus pauvres. Dans les pays du Sud, où la population augmente plus vite que les ressources, la plupart des habitants vivent dans des conditions d'extrême misère. Ces pays sont endettés auprès des pays riches pour pouvoir acheter leurs produits (voitures, machines, ordinateurs, etc.) et de nombreuses personnes doivent émigrer pour trouver du travail et faire vivre leur famille.

L'ordinateur est devenu un instrument de travail indispensable. Le système de liaison par Internet permet aux habitants

Le développement de l'industrie et des technologies a beaucoup amélioré la vie des hommes. Mais, il a eu aussi des conséquences négatives

Une planète à protéger

Les progrès de la science ne sont pas toujours bien contrôlés et mettent la planète en danger : l'eau et la nature sont polluées, les gaz des industries et des voitures entraînent le réchauffement du climat, qui risque de provoquer des catastrophes. Des espèces rares, animales ou végétales, disparaissent. Pour protéger le monde, il faut mieux respecter l'environnement et arrêter les activités polluantes.

de la Terre de communiquer facilement entre eux, pour leurs affaires ou leurs loisirs.

pour la Planète : espèces menacées, **pollution**, réchauffement du climat, etc.

De nombreuses régions du monde ne bénéficient pas des progrès de l'agriculture et de l'industrie, et vivent encore dans des **conditions très difficiles**.

? Est-ce que la pollution existe depuis toujours ?

Dans les villes, il y a toujours eu une pollution, due en particulier à la fumée des cheminées. Mais la pollution est devenue vraiment inquiétante au XXe siècle.

Pourquoi ?

Parce que la pollution n'est plus localisée. C'est tout l'équilibre de la planète qui est perturbé. En particulier, le gaz carbonique que rejettent les voitures et certaines usines dans l'atmosphère provoque le réchauffement du climat de la Terre.

Que se passera-t-il si la température du monde augmente trop ?

Les glaces du pôle vont fondre, le niveau de la mer s'élèvera et beaucoup de régions seront recouvertes par l'eau.

MAGAZINE

Les premiers...

Les objets de notre vie quotidienne ont, eux aussi, une histoire. En voici quelques-uns, à leurs débuts.

On fait du patin à roulettes depuis plus de cent ans.

La poupée Barbie naît aux États-Unis, le 9 mars 1959. Depuis, 1 milliard et demi de Barbie ont été vendues dans le monde.

Un des premiers modèles de machine à laver le linge.

Léon Bollée et son frère Amédée perfectionnent considérablement la technique automobile.

La télévision est lancée aux États-Unis en 1946. Elle ne diffuse qu'un programme en noir et blanc.

La draisienne, inventée par le Baron Drais en 1816, est l'ancêtre de la bicyclette. Elle n'avait pas de pédales.

Deux Américains, les frères Wright, sont les premiers à faire voler un avion avec un moteur à explosion.

En 1946, le couturier français Réard présente le premier bikini.

L'Américain Walt Disney, le père du dessin animé, crée la souris Mickey en 1928.

Les premiers postes de radio apparaissent dans les années 1920.

En 1908, Henry Ford lance le "modèle T", la première automobile "bon marché", fabriquée en série.

Les frères Lumière sont les premiers à mettre au point, en 1895, un appareil permettant de projeter des images. Le cinéma est né !

Pour que l'histoire des Indiens ne tombe pas à tout jamais dans l'oubli, l'Américain E.S. Curtis a photographié au début du XXe siècle tous les Indiens qu'il a pu rencontrer. Il a réalisé plus de 40 000 photographies.

Visages d'Indiens

Au début du XXe siècle, il n'y avait presque plus d'Indiens en Amérique du Nord. Ils ont été regroupés dans des réserves.

Curtis et quelques autres photographes ont fait poser les grands chefs indiens et leur tribu.
Ici, un indien sioux.

Communiquer

Pour communiquer entre eux, les hommes n'ont cessé de mettre au point des techniques de plus en plus élaborées.

Les messagers à cheval sont les premiers facteurs.

Samuel Morse crée le télégraphe électrique en 1837.

Depuis son invention par Graham Bell en 1876, le téléphone a beaucoup évolué.

Aujourd'hui, Internet permet aux hommes du monde entier de communiquer entre eux.

Glossaire

A

Adoubement : Au Moyen Âge, l'adoubement est la cérémonie au cours de laquelle un homme était armé chevalier.

Algèbre : L'algèbre est une branche des mathématiques. Algèbre vient du mot arabe "*al-djabr*" qui signifie réduction.

Antique : Ce qui est antique appartient à l'Antiquité. L'Antiquité est la période de l'histoire qui va de la naissance de l'écriture, environ 5000 ans avant J.-C. jusqu'à la chute de l'Empire romain, en 476 après J.-C.

Astrolabe : Un astrolabe est un instrument avec lequel les anciens navigateurs et les astrologues mesuraient la position du Soleil et des étoiles au-dessus de l'horizon pour se repérer.

Atteler : C'est attacher un animal, un bœuf ou un cheval par exemple, à un véhicule pour qu'il le tire. L'attelage est l'ensemble des animaux attelés.

C

Colonie : Une colonie est un territoire occupé et gouverné par un autre pays. L'Inde était une colonie britannique. On dit alors que ce territoire est colonisé. Les pays colonisateurs sont les pays qui se sont emparés de territoires étrangers.

Communisme : Le communisme est une doctrine politique. Selon les communistes, les moyens de production, c'est-à-dire les terres, les usines, les commerces, etc. doivent être mis en commun, et les biens doivent être répartis en fonction des besoins de chacun.

Cour : La cour est la résidence d'un roi, d'une reine. C'est aussi l'ensemble des personnes qui entourent le roi ou la reine.

Courtisan : Un courtisan est un noble qui vivait à la cour du roi. Louis XIV vivait à Versailles entouré de ses nombreux courtisans.

Coutume : Une coutume est une habitude, une façon de vivre partagée par les habitants d'un pays, d'une région.

Cuirasse : La cuirasse est la partie de l'armure qui protège le buste. D'abord en cuir, elle est faite de métal au Moyen Âge.

D

Défricher : Défricher, c'est enlever les broussailles, les arbustes d'un terrain en friche pour pouvoir le cultiver.

Démocratie : La démocratie est une forme de gouvernement. En démocratie, le pouvoir est exercé par des représentants du peuple, élus par les citoyens.

Déporter : Déporter, c'est condamner quelqu'un à la déportation, l'envoyer dans un camp de concentration. Pendant la Seconde Guerre mondiale, des millions d'hommes, de femmes et d'enfants, des Juifs, des Tziganes, des résistants, sont morts en déportation.

Douve : Une douve est un large fossé rempli d'eau qui entoure le mur d'enceinte d'un château.

E

État : Un État est un pays considéré du point de vue politique, c'est-à-dire son gouvernement, ses institutions, son territoire, sa population.

Europe de l'Est : On regroupe sous le nom d'Europe de l'Est les pays situés à l'Est de l'Europe et dirigés après la Seconde Guerre mondiale par un gouvernement communiste. C'est une notion politique. Les pays d'Europe de l'Est sont la Hongrie, la Pologne, l'ex-Tchécoslovaquie, l'ex-Allemagne de l'Est (RDA), l'Albanie, la Bulgarie, l'ex-Yougoslavie. On les oppose aux pays d'Europe de l'Ouest, capitalistes.

F

Fidélité : Être fidèle, c'est tout mettre en œuvre pour respecter son attachement à une personne ou à une idée. Au Moyen Âge, les chevaliers prêtaient serment de fidélité à leur seigneur : ils s'engageaient à défendre leurs territoires et à faire passer l'intérêt du seigneur avant leur intérêt propre.

G

Génétique : La génétique est la science qui étudie les gènes, l'hérédité. La génétique cherche à comprendre comment les caractères héréditaires se transmettent des parents aux enfants grâce à certains gènes. Les maladies génétiques sont celles qui se transmettent de parents à enfants par les gènes. La science aujourd'hui cherche à utiliser les gènes pour soigner des maladies graves ou mortelles que l'on ne sait pas encore traiter.

Gouvernement : Le gouvernement, c'est l'ensemble des personnes qui dirigent un État. Le chef du l'État, en France, est le président de la République. Il est entouré de ministres. Ensemble ils forment le gouvernement.

H

Hourd : Le hourd est la galerie en bois construite au sommet de la muraille du château fort, dans laquelle les soldats se plaçaient pour envoyer des projectiles sur leurs adversaires. Les hourds seront plus tard remplacés par les mâchicoulis.

M

Martyr : Un martyr, ou une martyre, est une personne qui souffre ou meurt pour défendre ce qu'il croit être juste, pour défendre une cause religieuse ou politique. Les premiers chrétiens ont été martyrisés.

Musulman : Un musulman est une personne qui pratique la religion islamique.

N

Nomade : Un nomade est une personne qui n'a pas de lieu d'habitation fixe et se déplace d'un endroit à un autre. Les premiers hommes préhistoriques étaient des nomades. Ils se déplaçaient pour trouver leur nourriture.

O

Ordre : Un ordre religieux est un ensemble de moines, de religieuses qui obéissent à la même règle de vie.

P

Paratonnerre : C'est une tige de fer que l'on fixe sur le toit d'un bâtiment pour le préserver de la foudre.

Philosophie : La philosophie est l'étude et la réflexion sur la place et le rôle de l'homme dans le monde. Les philosophes sont des gens qui pratiquent et enseignent la philosophie.

Prophète : Un prophète est une personne qui annonce un événement qui va se produire. Dans la Bible, les prophètes parlent au nom de Dieu pour faire connaître ses volontés. Pour les musulmans, Mahomet est Le Prophète.

R

Régime : Le régime politique d'un pays, c'est la façon dont il fonctionne. Un régime peut être monarchique, républicain, démocratique, totalitaire...

S

Sarcophage : Un sarcophage est un tombeau.

Sextant : Un sextant est un instrument qui permet de mesurer la hauteur des astres à partir d'un navire ou d'un avion afin de se repérer.

T

Textile : Une matière textile sert à faire des tissus. Le lin, le coton sont des textiles. L'industrie textile fabrique des tissus.

Torchis : Le torchis est un mélange de terre et de paille que l'on utilise pour la construction des murs de certaines maisons.

Tranchée : Une tranchée est un fossé creusé dans le sol. Pendant la Première Guerre mondiale, les soldats combattaient dans des tranchées.

Index

Crédits photographiques

p. 22 h	Erich Lessing / AKG
p. 22 bg	The Bridgeman Art Library / Paris, musée du Louvre
p. 22 bd	Werner Forman / AKG
p. 23 h	Erich Lessing / AKG
p. 23 b	The Bridgeman Art Library
p. 24 hg	National Geographic / Stock Image
p. 24 hd	Wiesenhofer / Anzenberger / Cosmos
p. 24 c.	Grazia Neri / Cosmos
p. 24 bg	Werner Forman / AKG
p. 24 bd	Rue des Archives / AGIP
p. 38 h et b	Roger-Viollet
p38-39	AKG Paris
p. 40 g et d	Cat's collection
p. 54 h	The Bridgeman Art Library / Museo del Oro
p. 54 bg	AKG Paris
p. 54 bd	Erich Lessing / AKG Paris
p. 54-55 c	The Bridgeman Art Library / British Museum
p. 55 h, bgd	R. Schirimptt / RMN
p. 56	AKG Paris
p. 70 hg et bd	Harlingue / Viollet
p. 70 bc	Collection Viollet
p. 70 bd	Rue des Archives
p. 71 hg	Archives photos
p. 71 hd	Collection Viollet
p. 71 cg	Rue des Archives
p. 71 c	Cat's collection
p. 71 cd	Rue des Archives
p. 71 bg	Rue des Archives
p. 71 bd	The Bridgeman Art Library. Private collection.
p. 72 g	The Bridgeman Art Library. Private collection.
p. 72 hd	The Bridgeman Art Library / New York Public Library, USA
p. 72 bd	The Bridgeman Art Library, Library of Congress, Washington D.C., USA.
couverture (dos)	National Geographic / Stock Image

N° projet 10109129 - Dépôt légal février 2004
Imprimé en Italie par G. Canale & C.S.p.A. (Turin)
 ISBN 2-03-565056-9
Photogravure IGS
Conforme à la loi numéro 49 956 du 16 juillet 1949 sur les publications destinées à la jeunesse.